春联挥毫必备

吴昌硕篆书集字春联

程峰 编

上海书画出版社

《春联挥毫必备》编委会

出版说明

『爆竹声中一岁除，春风送暖入屠苏。千门万户曈曈日，总把新桃换旧符。』王安石的《元日》诗描绘了一幅宋代的春节风俗图：燃爆竹、饮屠苏酒、换桃符。然而，早在一千年前的五代后蜀孟昶那里，桃符已以一副书为『新年纳余庆，嘉节号长春』的春联悄悄改变了形式与内涵：鲜艳的红纸取代了长方形桃木板，吉祥的联语取代了『神荼』、『郁垒』的名字或画像，其寓意也由原来的驱邪避灾转向了求安祈福。春节是我国农历年中第一个也是最重要的传统节日，春联在辞旧岁迎新春的同时，也渗进了农业社会人们朴素的生活理想：国泰民安、人寿年丰、家庭和睦、事业顺利。春联对仗的联语不仅是文字的精妙组合与书法的多样呈现，更是人们美好生活祈向的承载。这些生活祈向，虽然穿越古今，却经久不衰，回荡在一代代人的内心深处。作为这些生活祈向的载体，作为从古代派往现代的使者，春联的命运也同样历久弥新。无论大江南北、农村城市，抑或雅俗贵贱、穷达贫富，在喜气盈门的春节里，都不能没有春联的表达与塑造！

我社出版的『春联挥毫必备』系列，集名家名帖之字，成行气贯通之联。一家一帖集成一书，其内容又以类相从编排，不仅从形式到内容上有力地保证了全书的一致性与连贯性，更便于读者有针对性地、分门别类地欣赏、临摹、创作之用。可以说，一编握手中，一切纳眼底，从书法的字体书体，到文字的各种情感表达，及隐藏其后的对生活的深刻理解与美好祈向，都能在本书中找到满意的答案。

上海书画出版社

目录

上联 一 长空盈瑞气
下联 一 大地遍春光

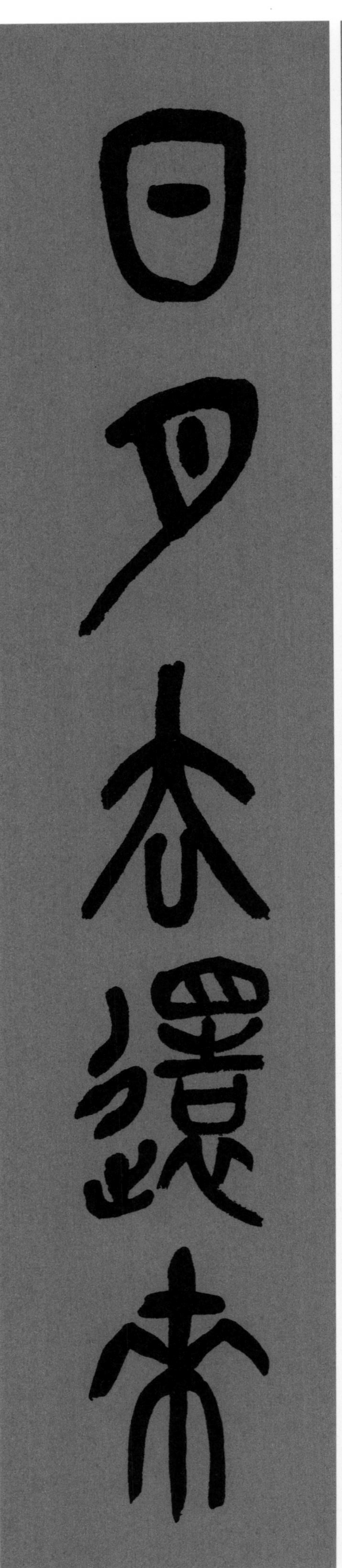

上联：春秋终又始
下联：日月去还来

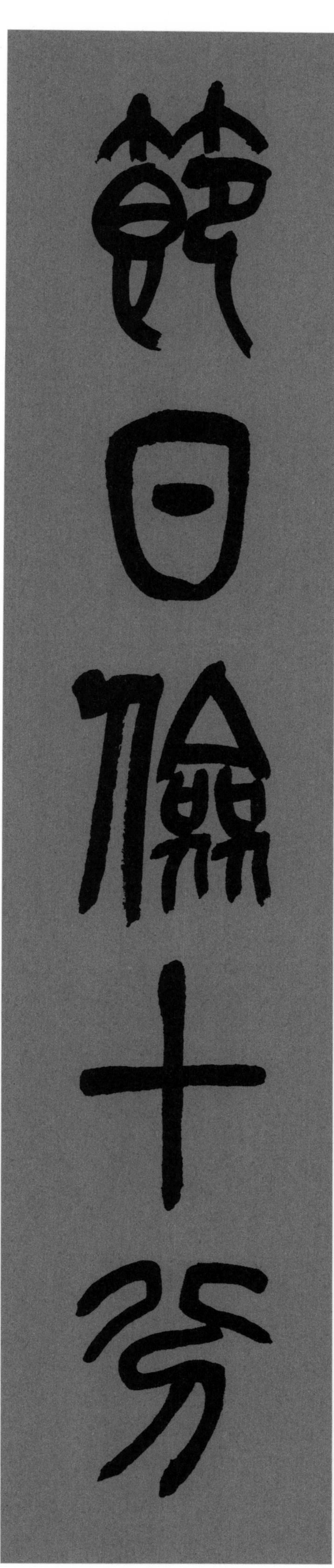

上联 春时勤百倍
下联 节日俭十分

上联：春为一岁首
下联：梅在百花先

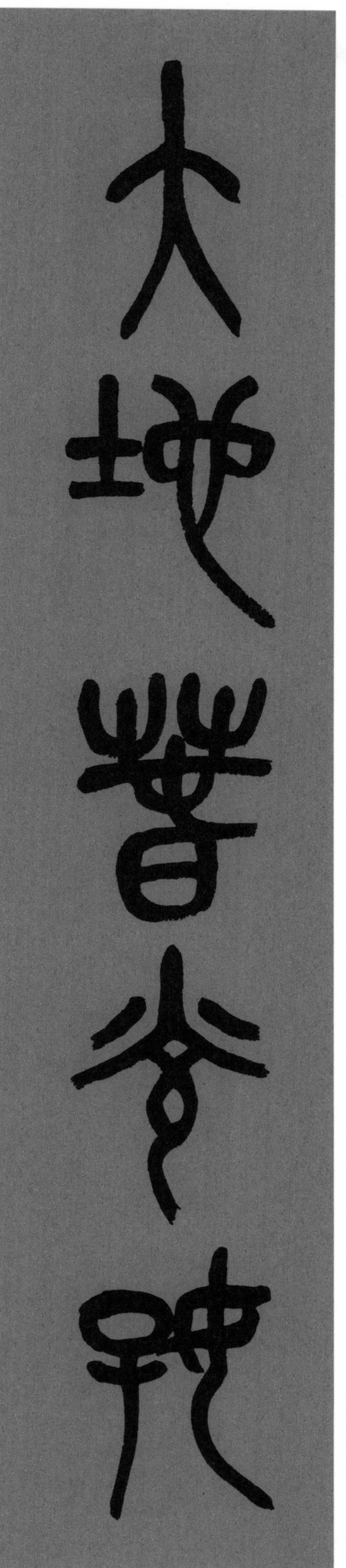

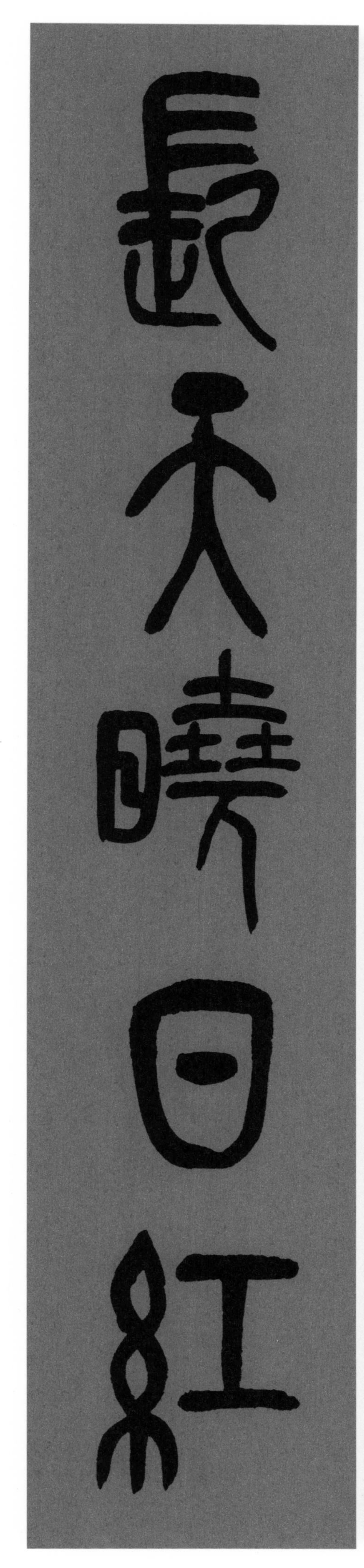

上联—大地春光好
下联—长天晓日红

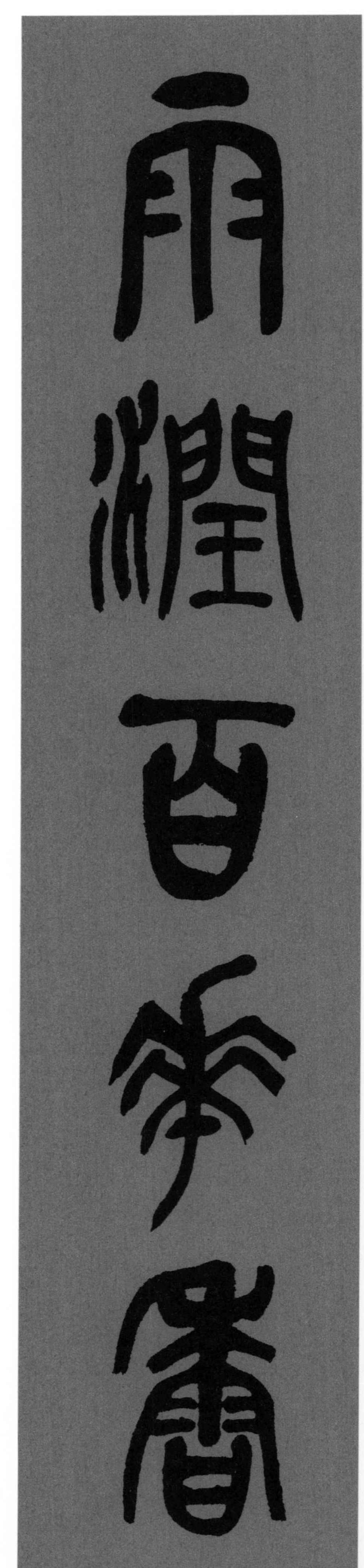

上联　风和千树茂
下联　雨润百花香

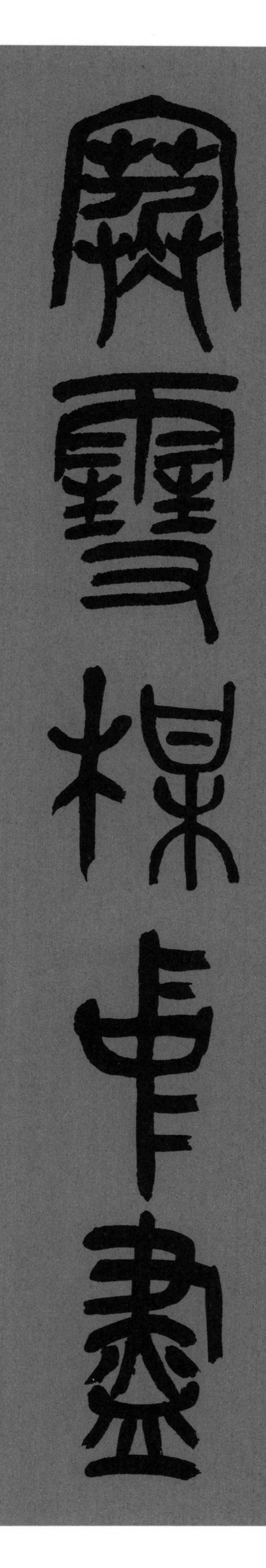

上联 寒雪梅中尽

下联 春风柳上归

花開春富貴

竹報歲平安

上联：花开春富贵
下联：竹报岁平安

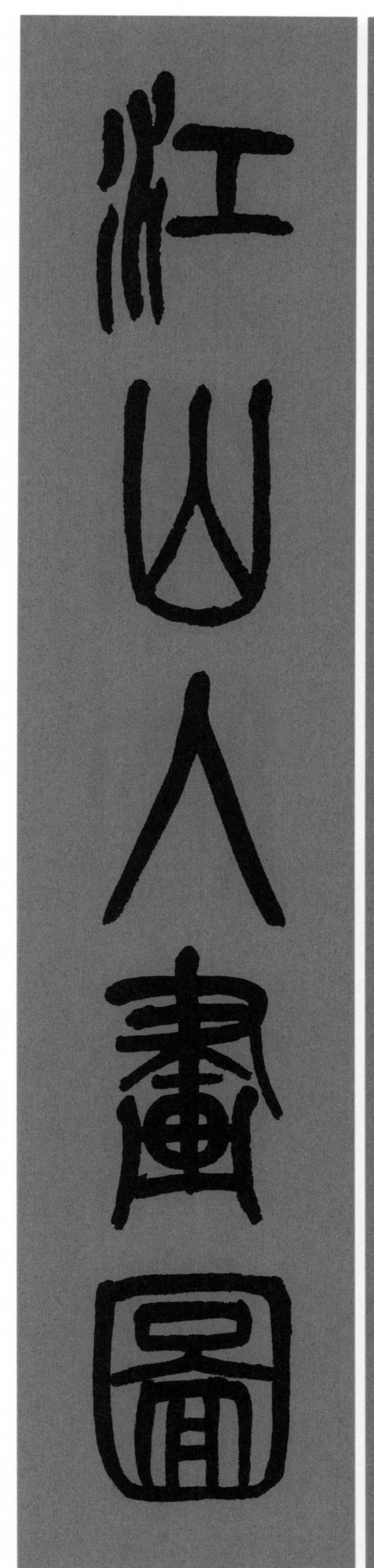

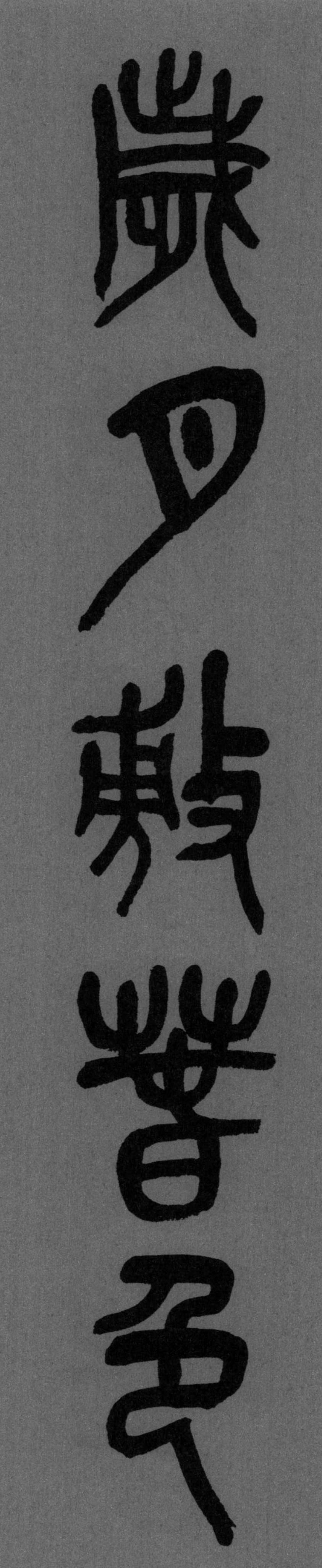

上联—岁月敷春色
下联—江山入画图

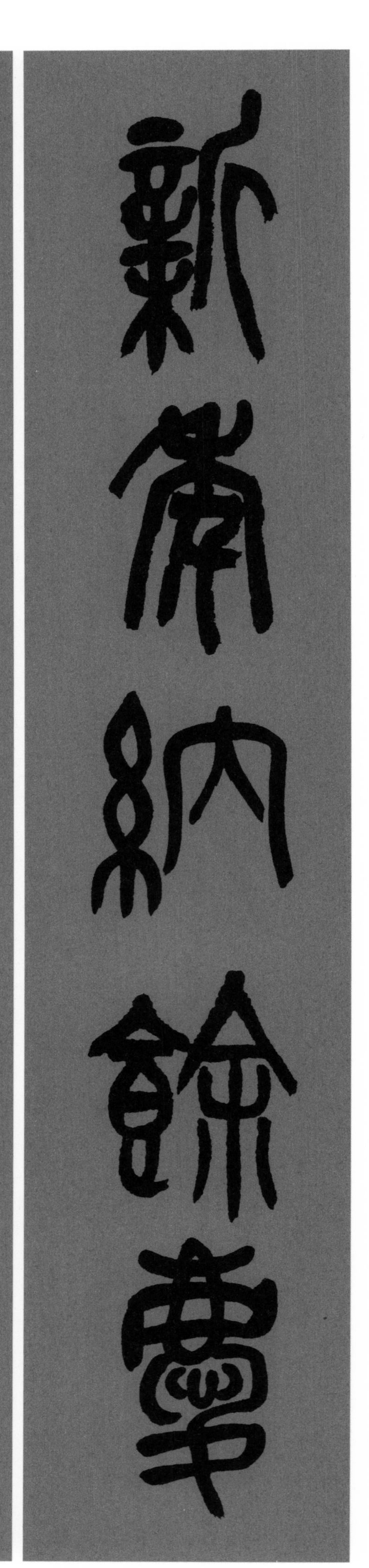

上联—新年纳余庆
下联—嘉节号长春

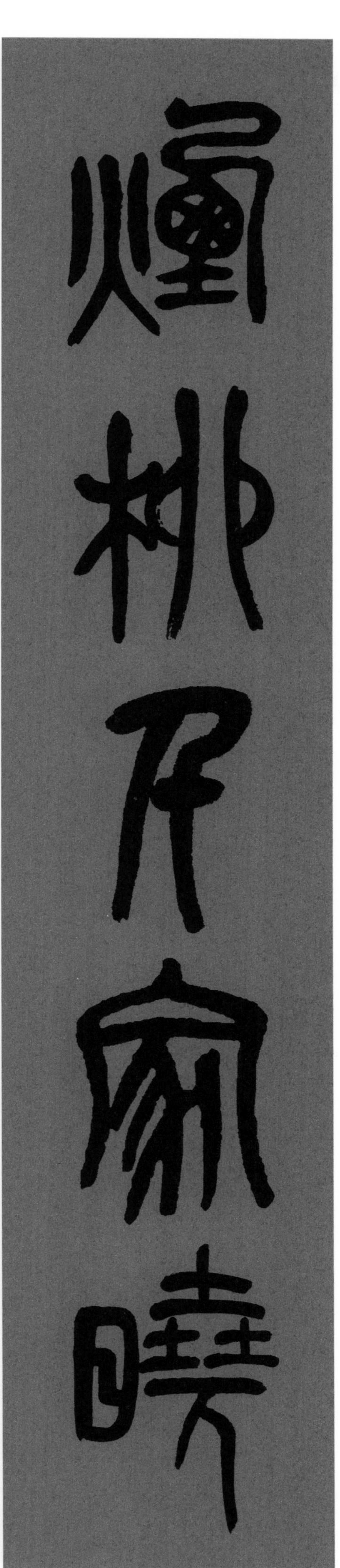

上联 — 烟柳千家晓
下联 — 风华百里春

竹报千家喜

梅开万树春

上联｜竹报千家喜
下联｜梅开万树春

上联—春光先到门前柳

下联—新岁初开苑内花

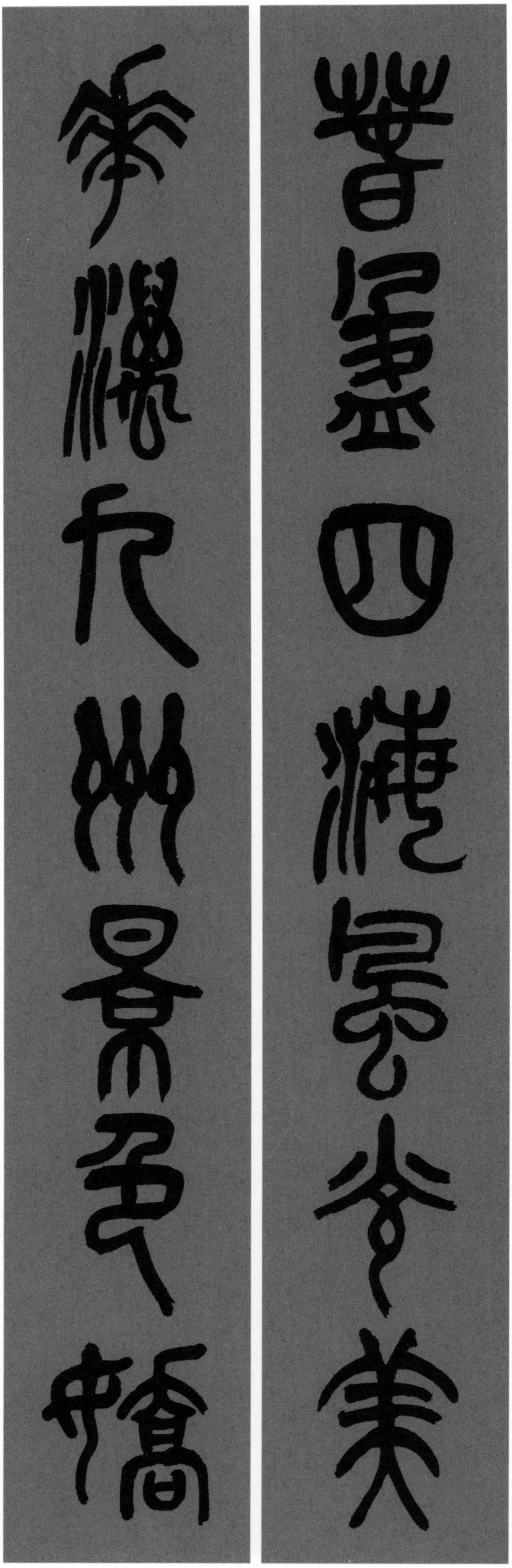

上联：春盈四海风光美
下联：花漫九州景色娇

上联——春至百花香满地
下联——时来万事喜盈门

上联—大地有色皆日照
下联—人间无时不春风

上联—东风送暖花自舞
下联—大地回春鸟能言

上联 吉星高照家富有
下联 大地回春人安康

上联一 梅传春信寒冬去

下联一 竹报平安好日来

上联—春回大地风光好
下联—福满人间喜事多

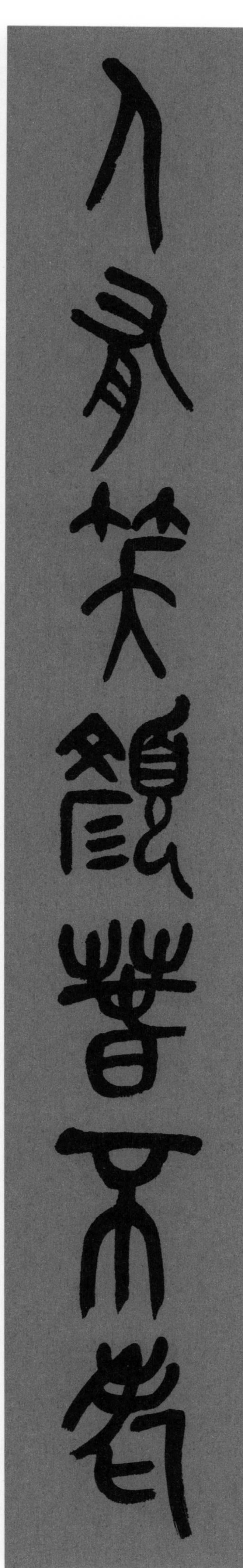

上联— 人有笑颜春不老
下联— 室存和气福无边

上联　山河有幸花争放
下联　天地无私春又归

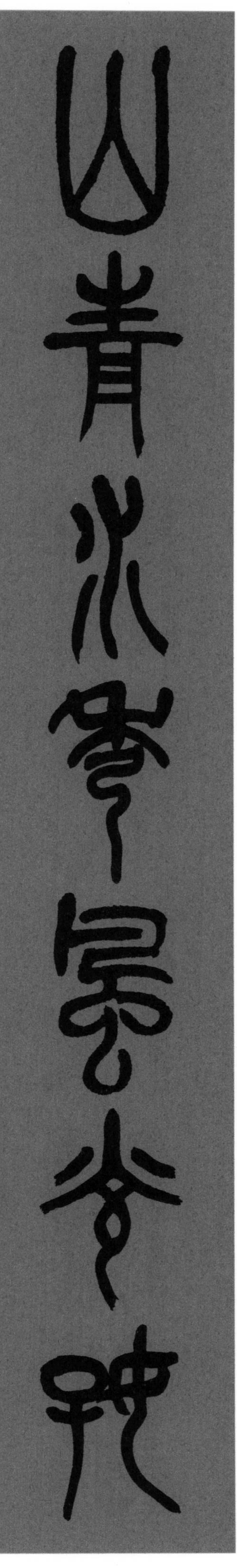

上联一 山青水秀风光好
下联一 柳暗花明春景新

上联—天上月明千里共
下联—人间春色九州同

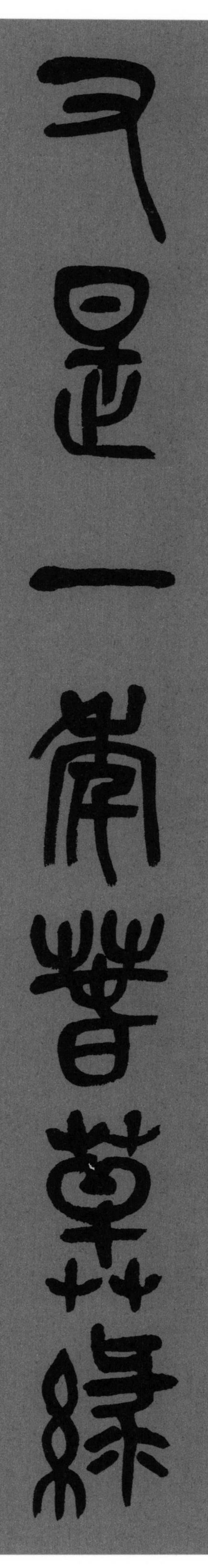

上联 一 又是一年春草绿
下联 一 依然十里杏花红

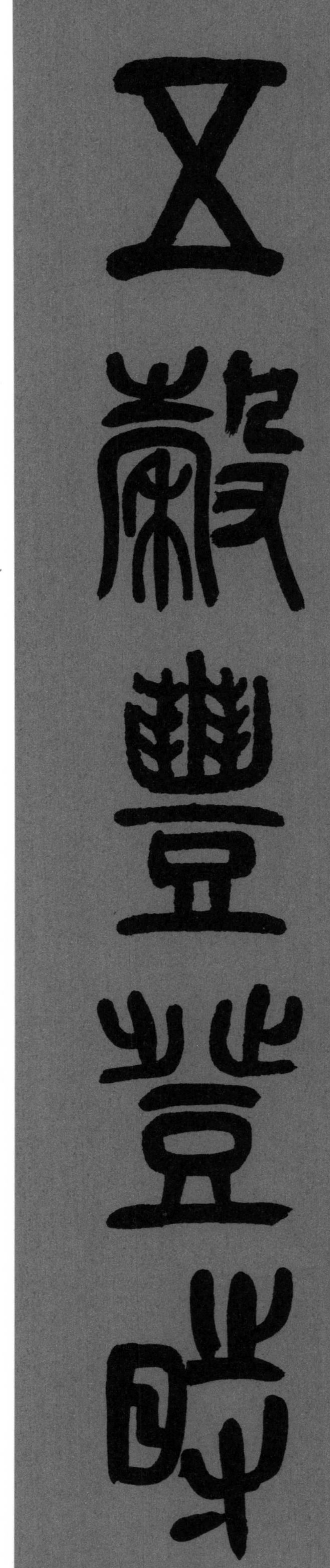

上联—百业兴旺日
下联—五谷丰登时

上联一 东风迎新岁

下联一 瑞雪兆丰年

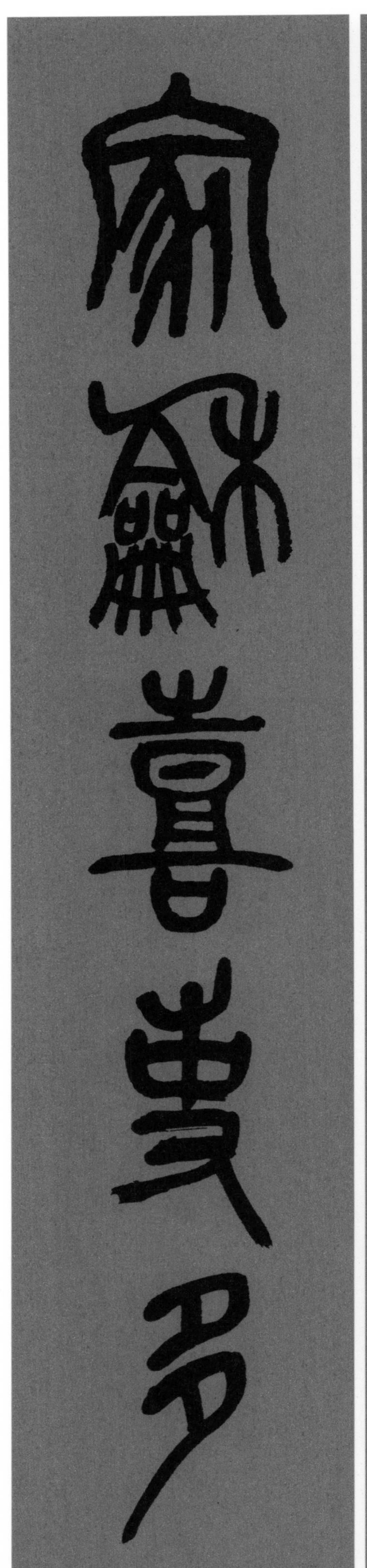

上联—人勤春来早
下联—家和喜事多

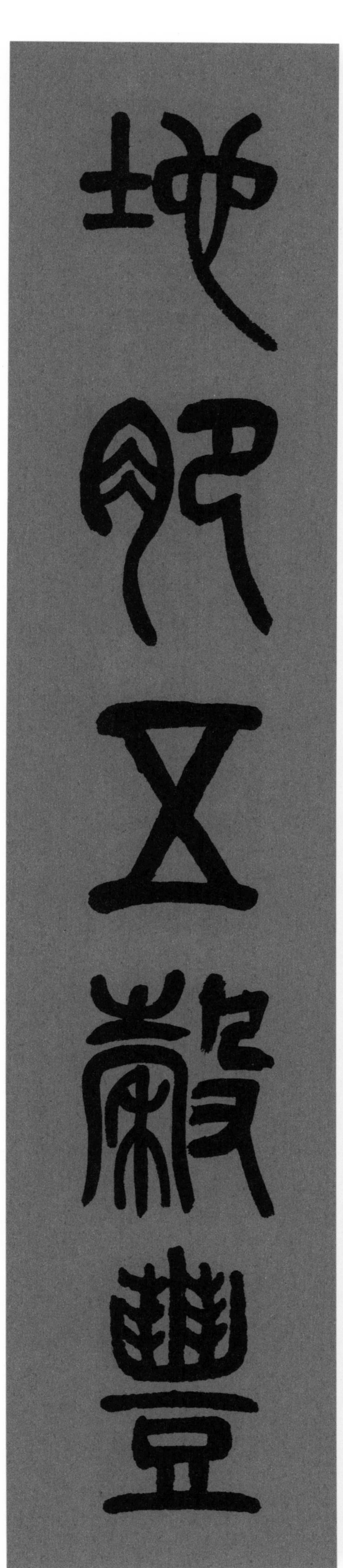

上联一人勤三春早
下联一地肥五谷丰

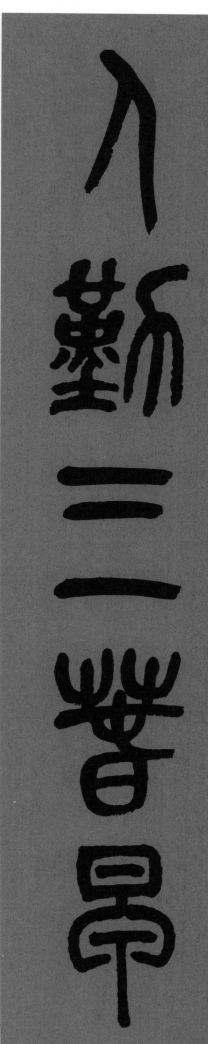

上联一雪映丰收果
下联一梅传喜庆年

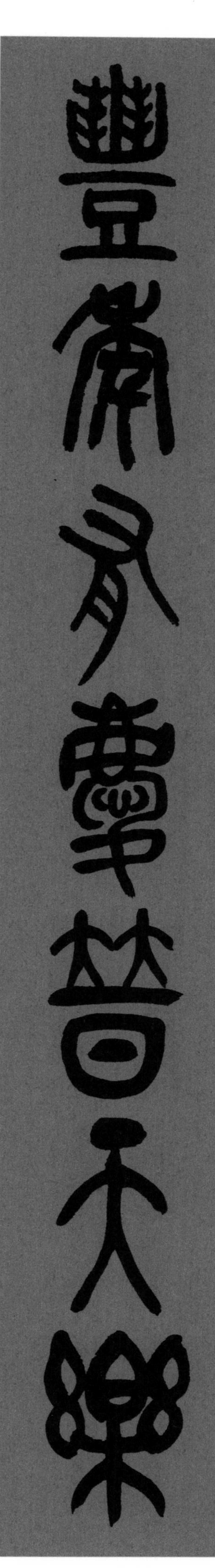

上联—丰年有庆普天乐
下联—妙景无前遍地春

上联　梅迎春意染新色
下联　鸟借东风传好音

上联—五谷丰登生活好

下联—百花齐放满园春

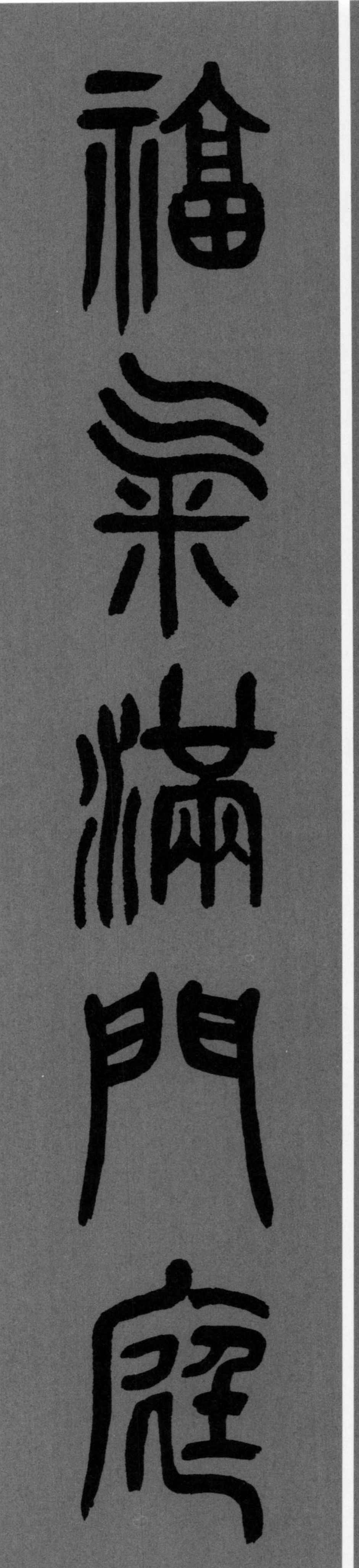

上联一春光辉日月
下联一福气满门庭

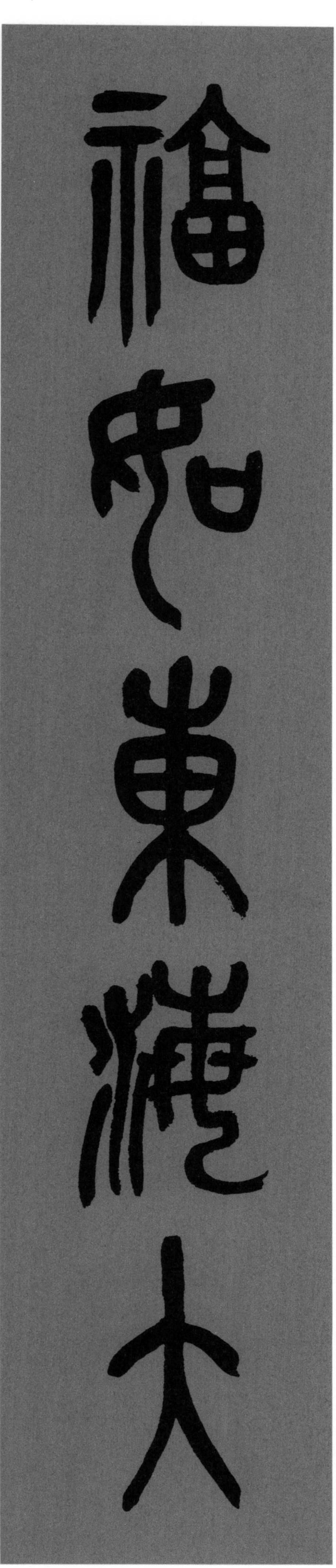

上联—福如东海大
下联—寿比南山高

上联—年乐人增寿
下联—春新福满门

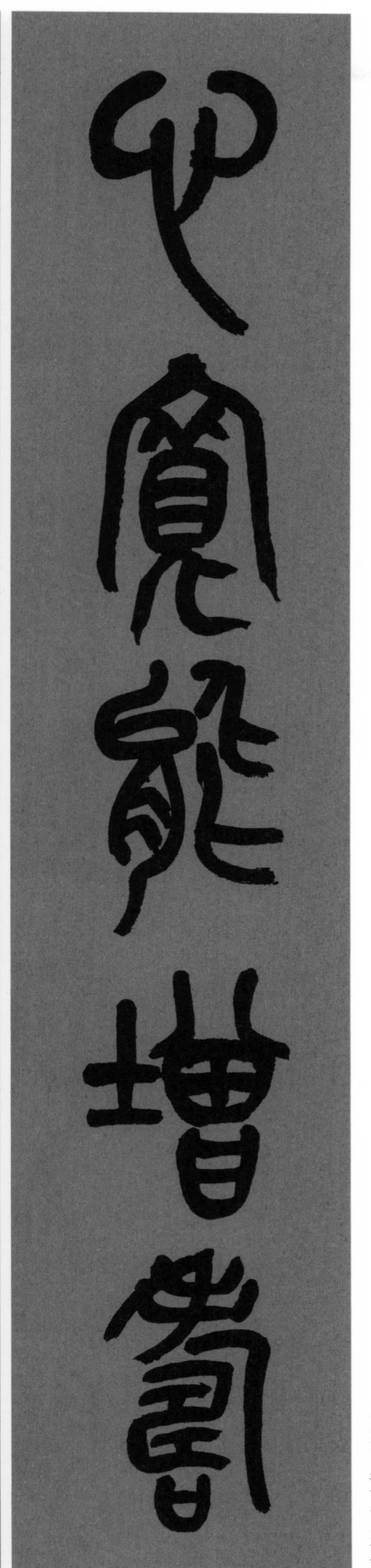

上联—心宽能增寿
下联—德高可延年

上联—花随春到遍天下

下联—福同岁至满人间

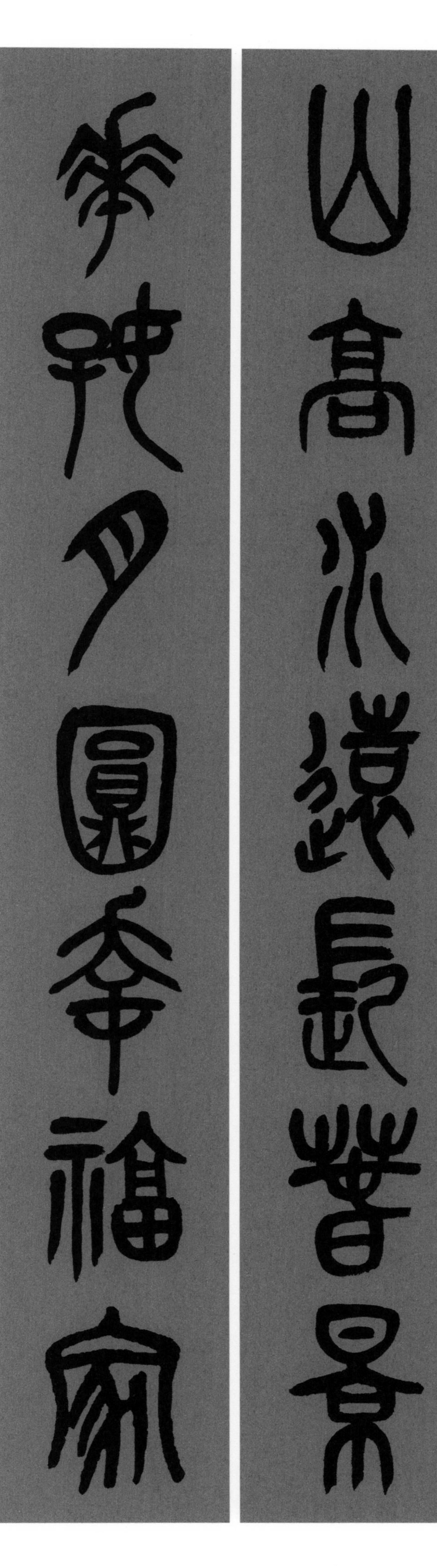

上联一 山高水远长春景
下联一 花好月圆幸福家

上联—山青水秀风光好

下联—人寿年丰喜事多

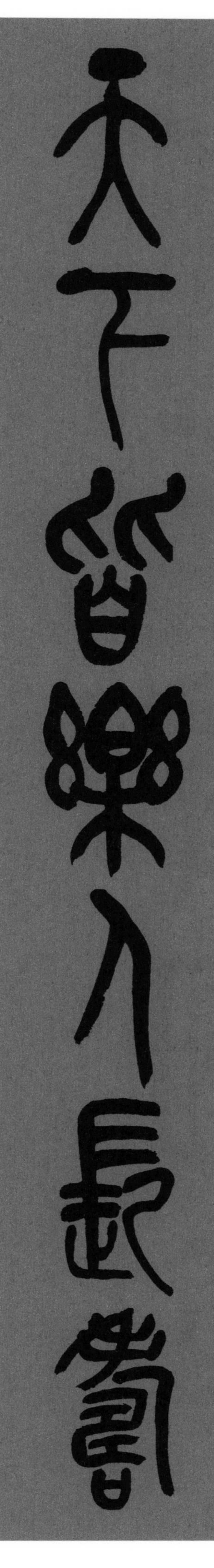

上联：天下皆乐人长寿
下联：四海同春树延年

上联——春来瑞雪里
下联——人在画图中

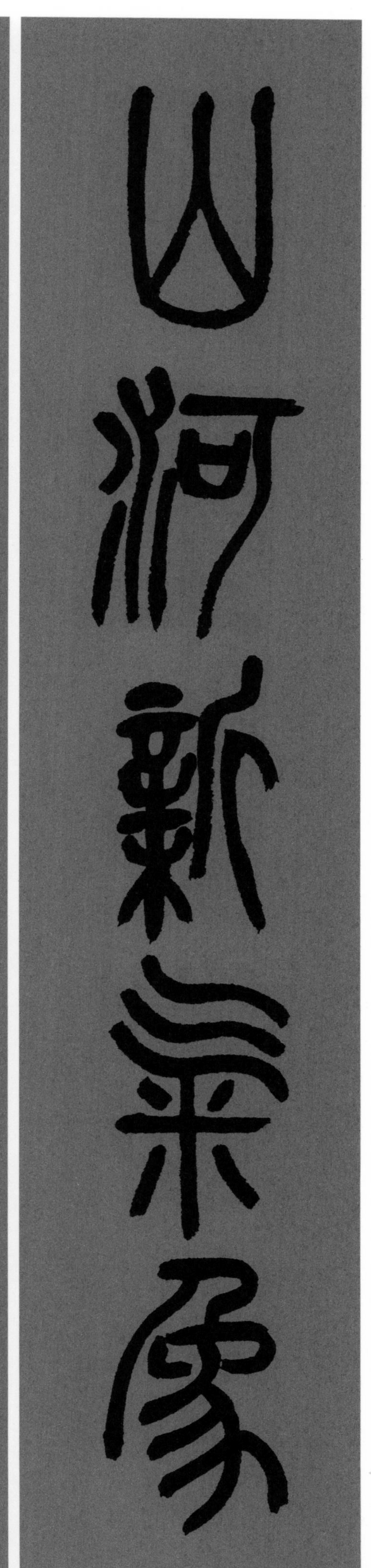

上联 — 山河新气象
下联 — 诗礼古家声

上联 诗词千古韵

下联 翰墨四时春

草种吉祥延画意

花开富贵溢春香

上联一 草种吉祥延画意
下联一 花开富贵溢春香

上联—绿竹别具三分景
下联—红梅报来万家春

青山不墨千秋画

绿水无弦万古琴

上联一 青山不墨千秋画
下联一 绿水无弦万古琴

上联—神传天外诗无草
下联—春到人间笔有花

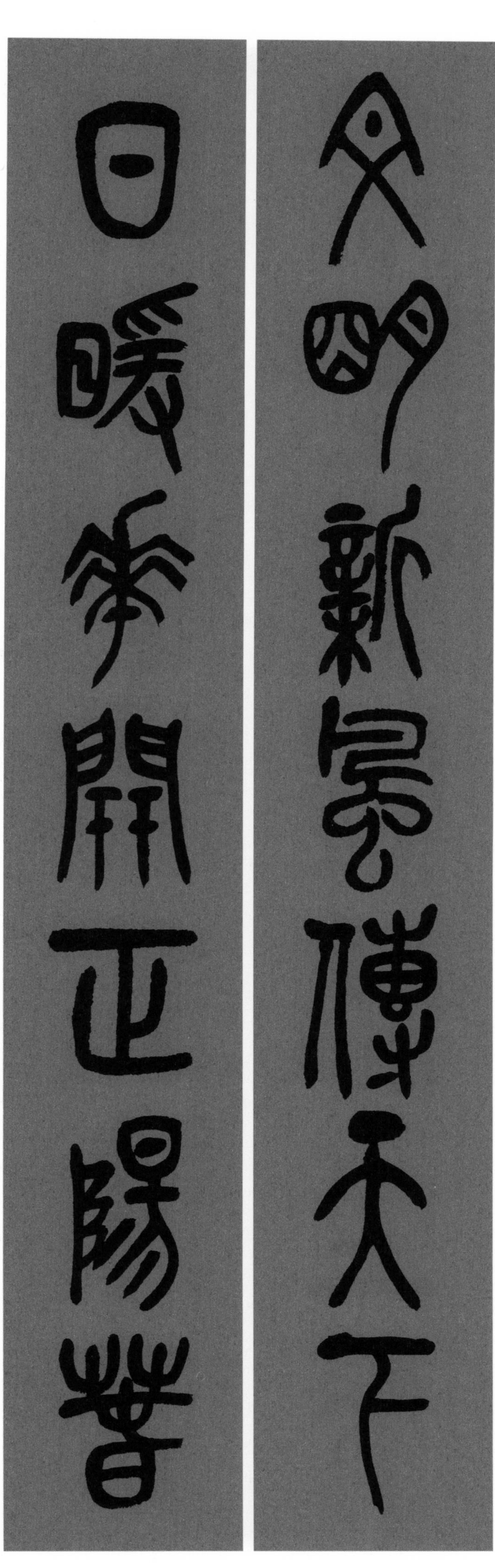

上联—文明新风传天下
下联—日暖花开正阳春

上联—无边春色诗中画

下联—万里前程锦上花

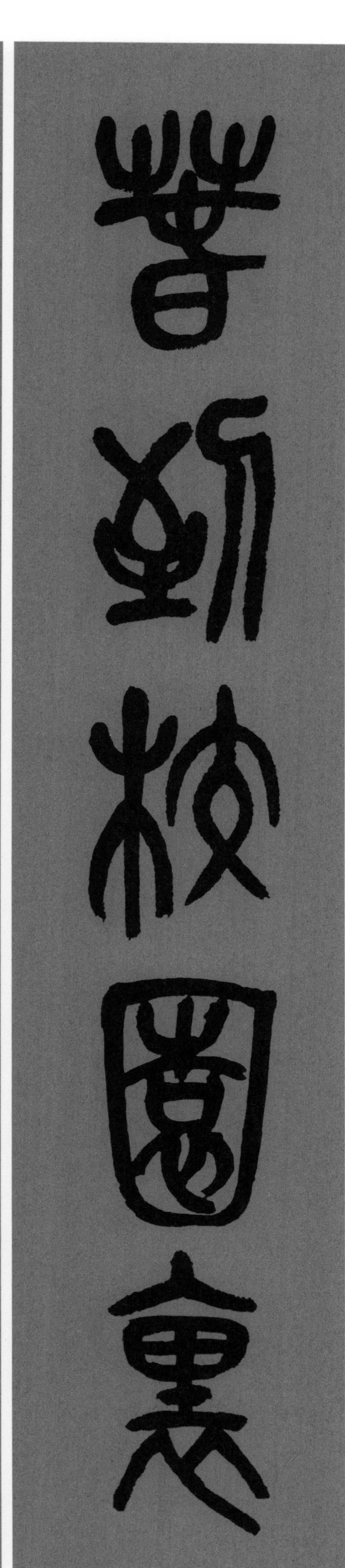

上联—春到校园里
下联—学成知识中

上联：生意春前草
下联：财源雨后泉

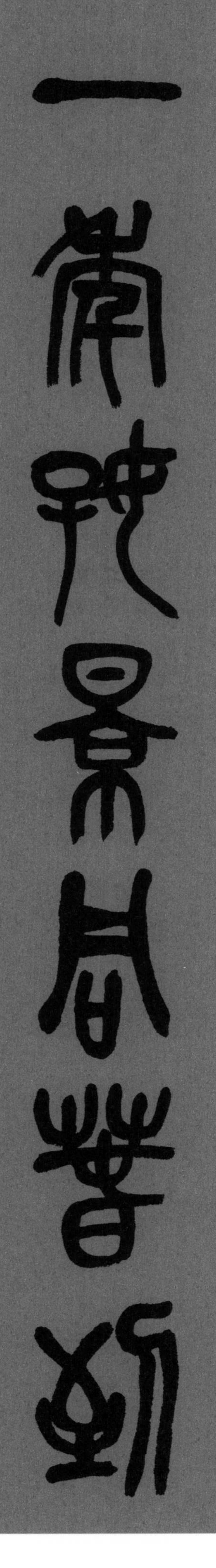

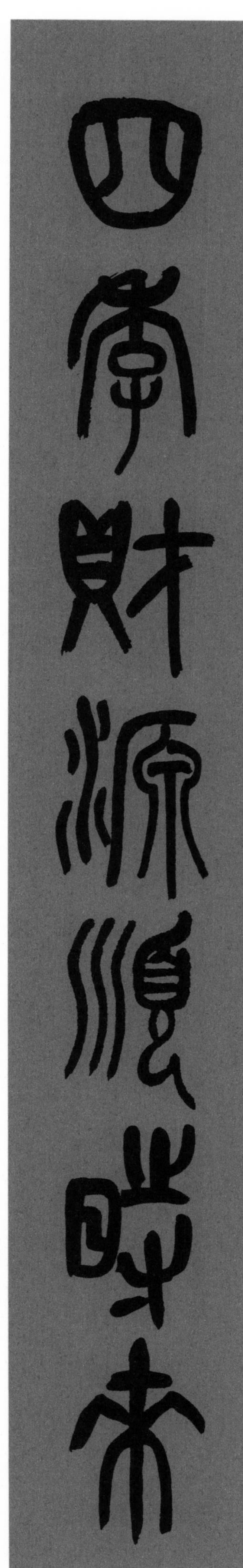

上联　一年好景同春到
下联　四季财源顺时来

上联— 满面春风迎客至
下联— 四时生意在人为

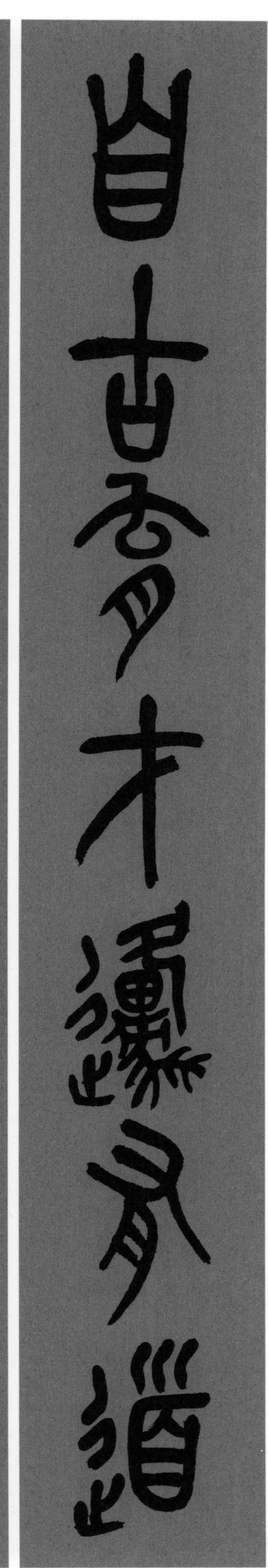

上联—自古育才原有道
下联—从来润物细无声

上联—艺苑逢春多妙品
下联—文坛展志著佳篇

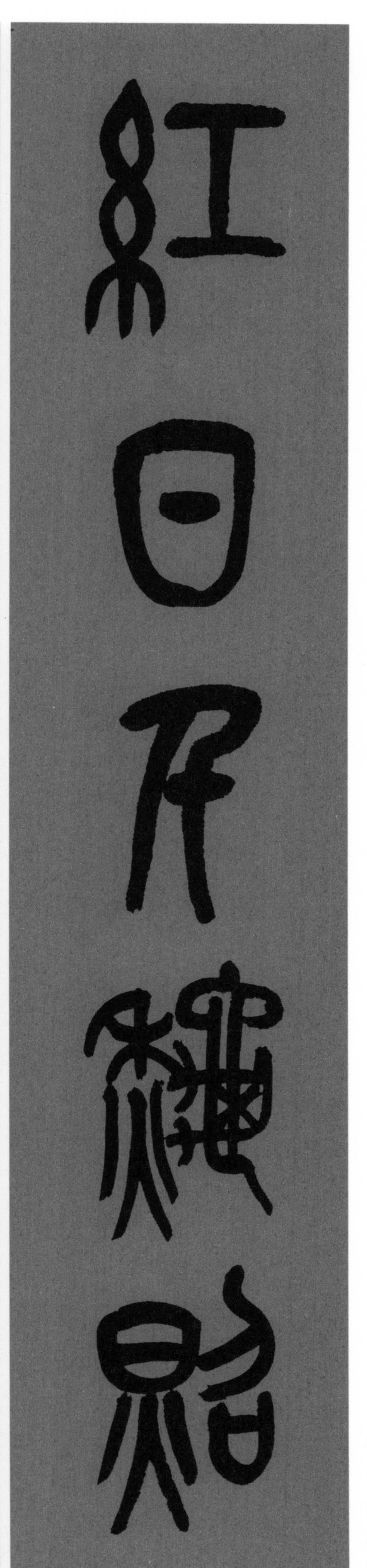

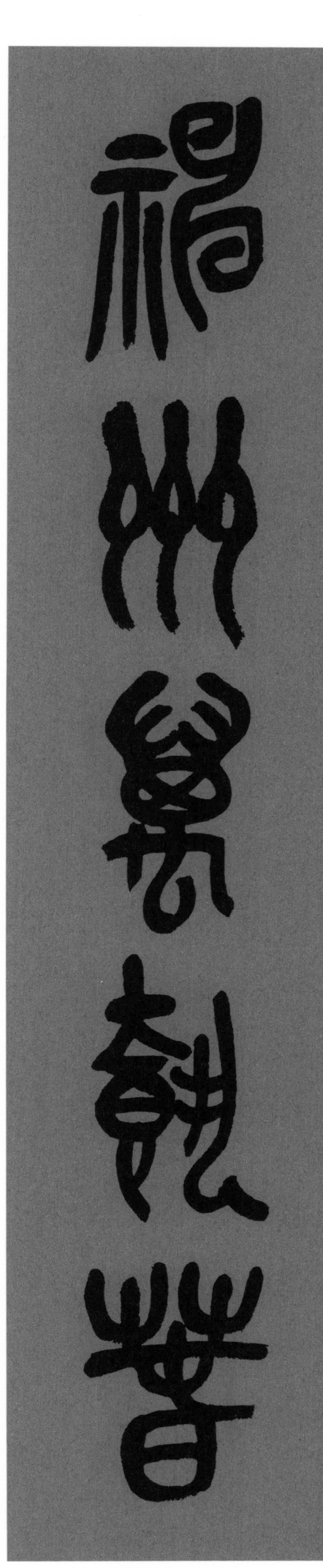

上联——红日千秋照
下联——神州万载春

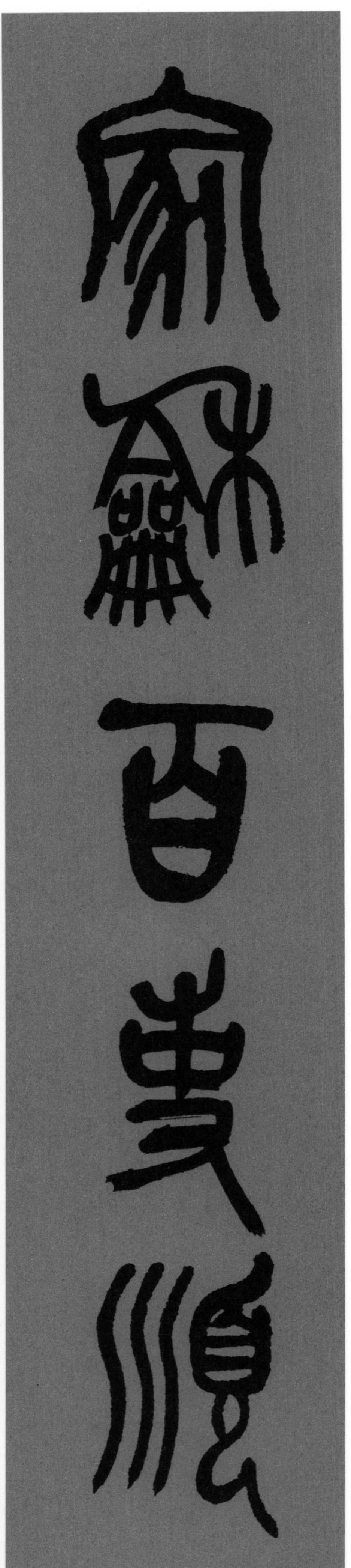

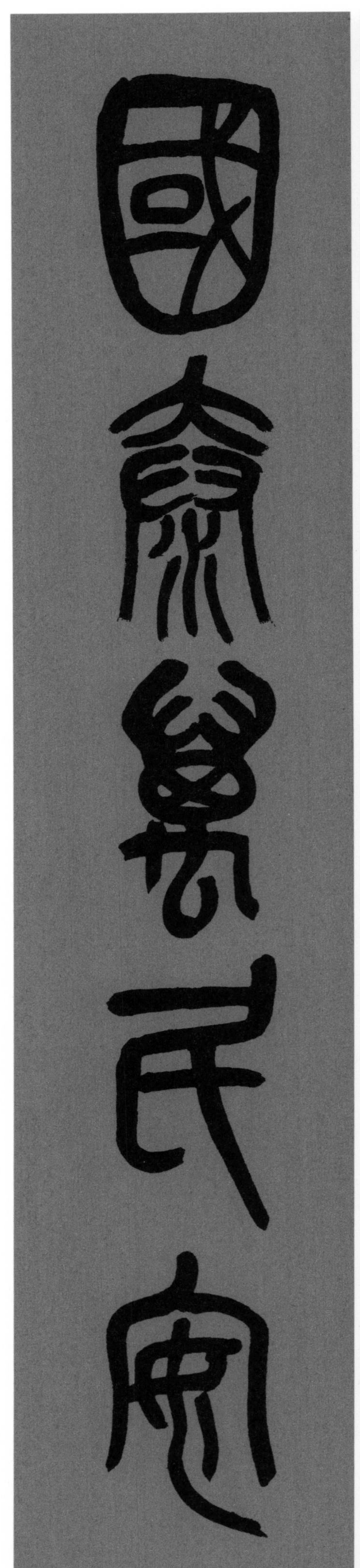

上联 家和百事顺
下联 国泰万民安

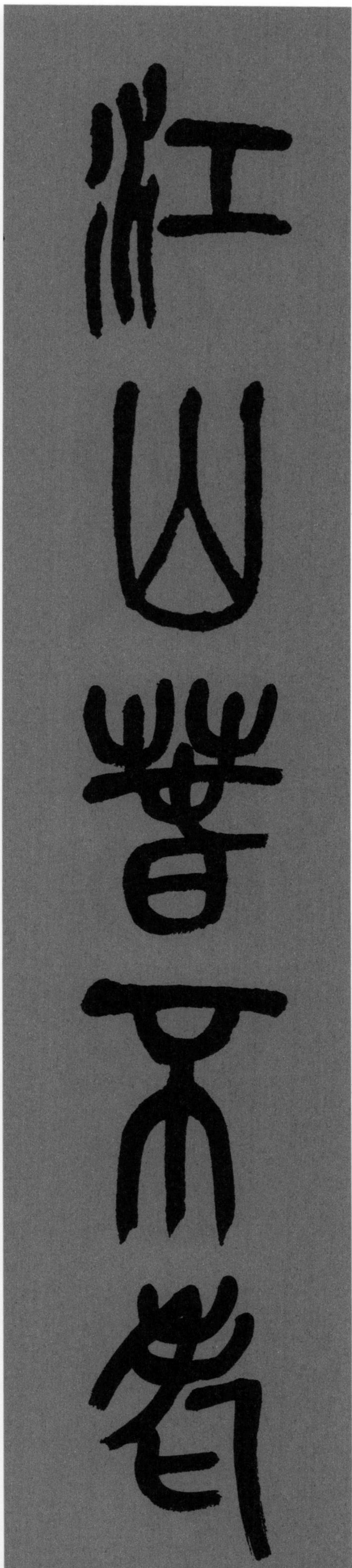

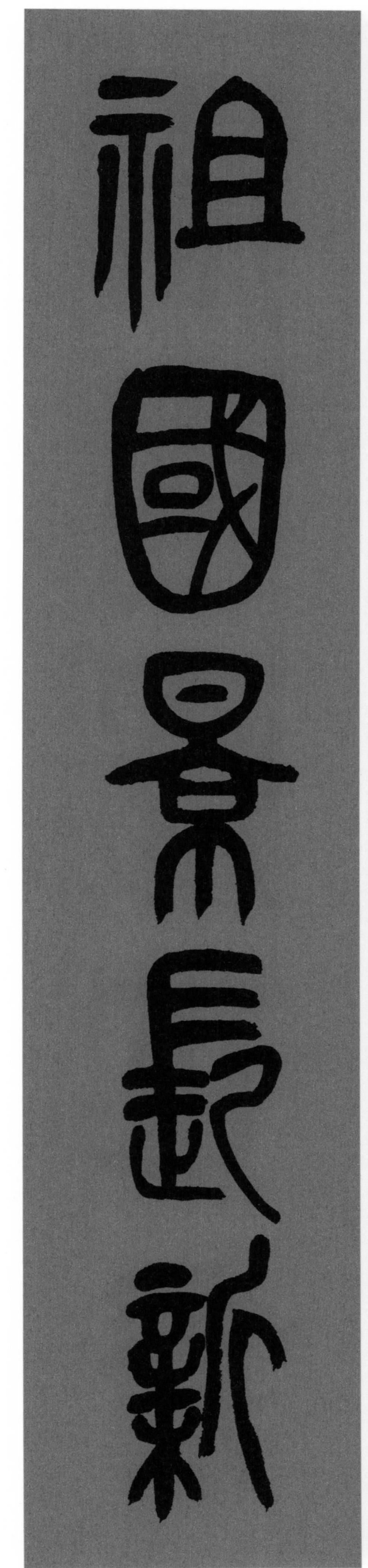

上联——江山春不老
下联——祖国景长新

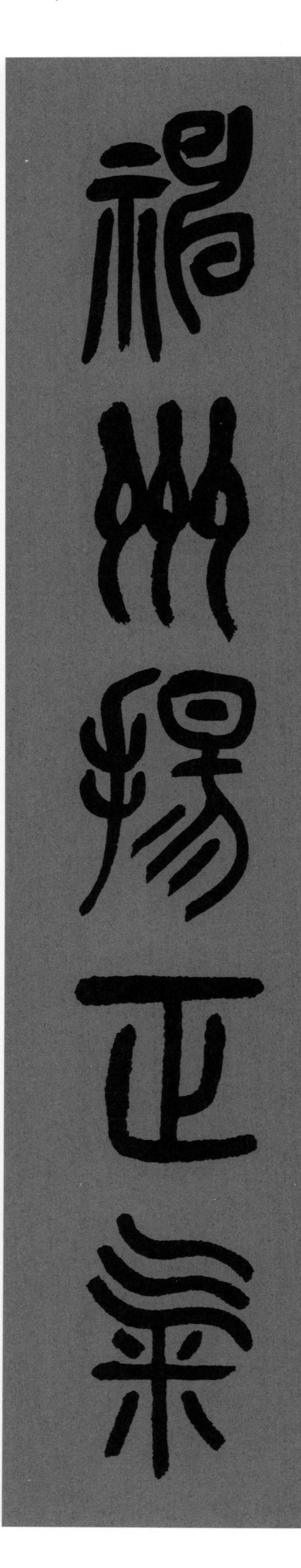

上联｜神州扬正气
下联｜大地荡春风

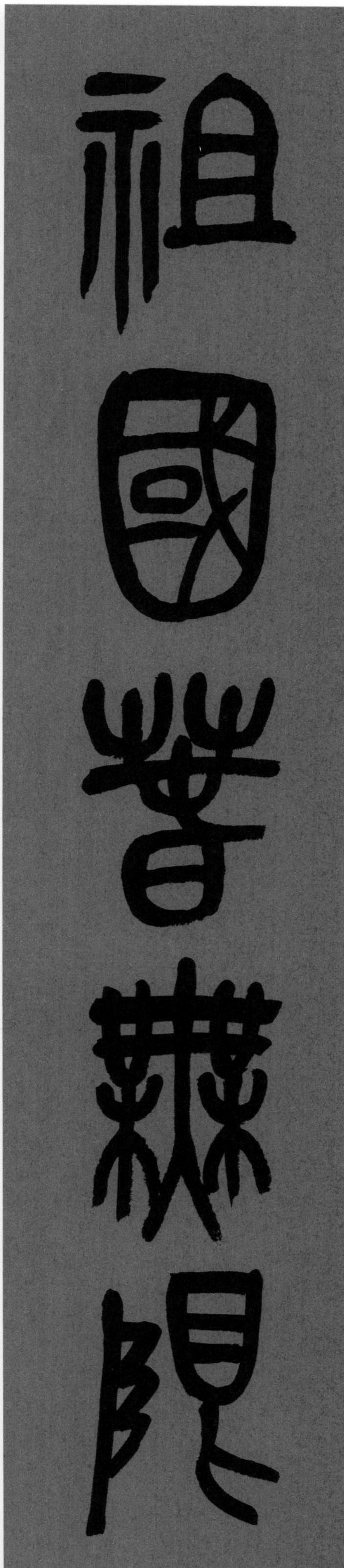

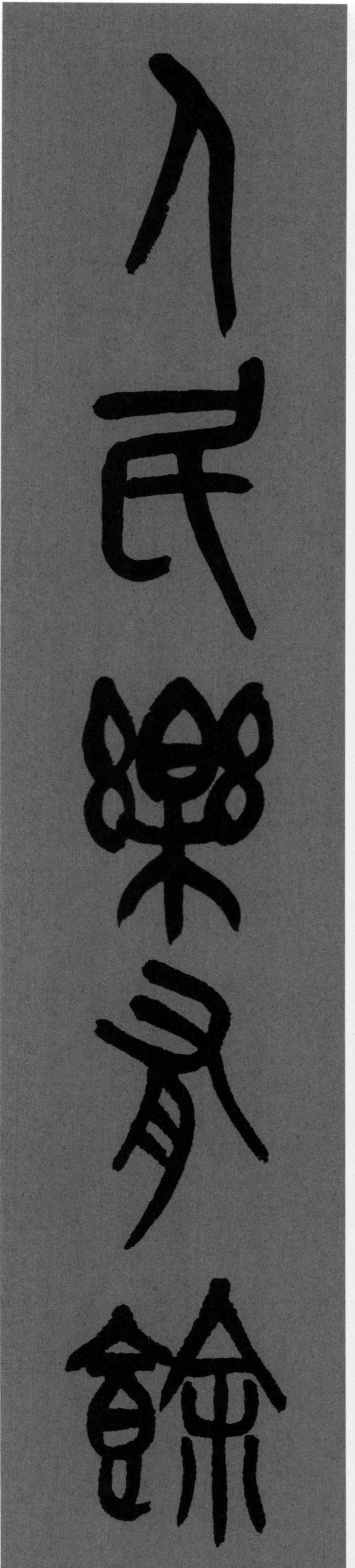

上联 — 祖国春无限
下联 — 人民乐有余

上联一春归大地千山秀
下联一日照神州万木新

上联一 千条杨柳随风绿

下联一 万里山河映日红

上联—日出神州张正气
下联—春来中华展宏图

上联一 喜借春风传吉语
下联一 笑看祖国起宏图

上联：神州有天皆丽日
下联：中华无处不春风

上联—岁月更新人不老

下联—江山依旧景长春

上联— 一元复始龙增岁
下联— 万物生辉燕报春

人民有福歌新政

祖国长春舞小龙

上联 — 人民有福歌新政
下联 — 祖国长春舞小龙

上联—百花齐放春光好
下联—万马奔腾国步雄

上联—岁焕新风燕剪柳

下联—春来大地羊铺云

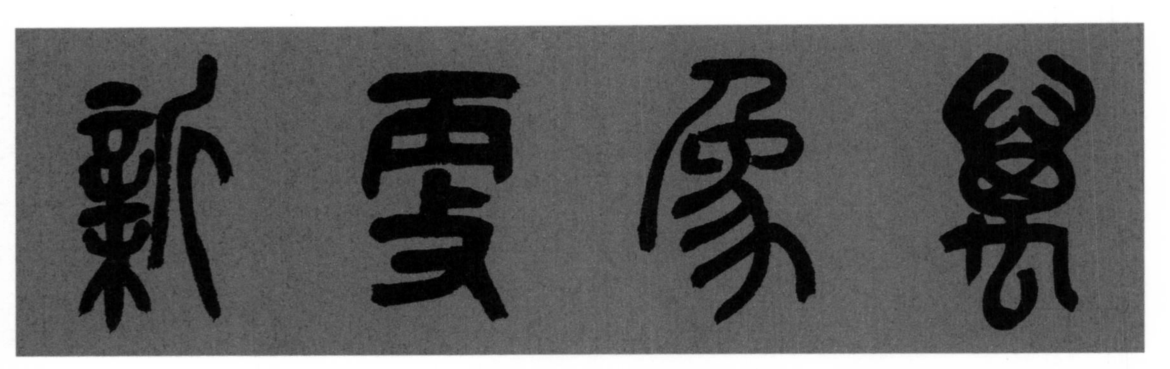

横披| 万象更新

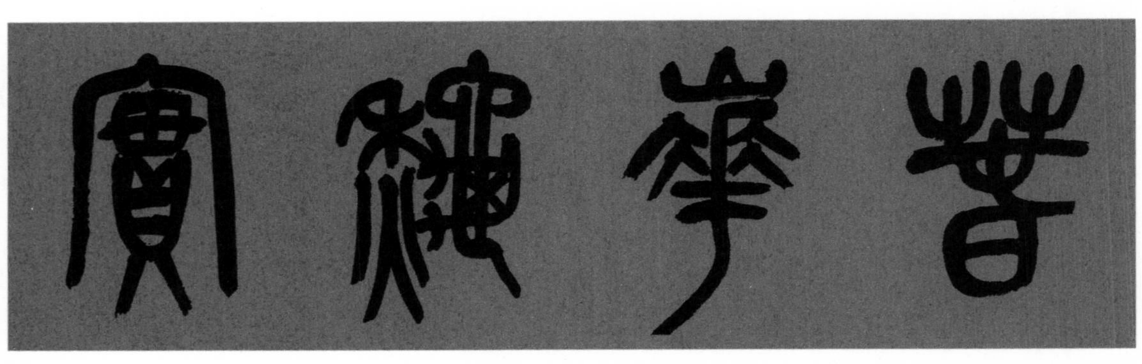

横披| 春华秋实

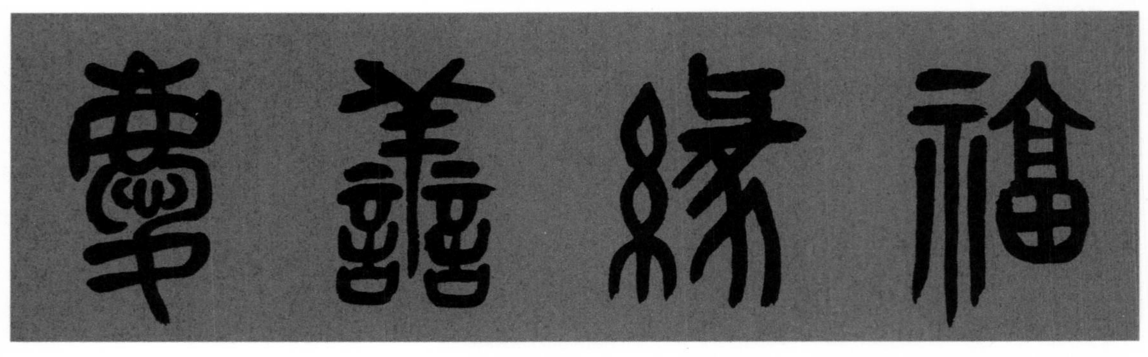

横披| 福缘善庆

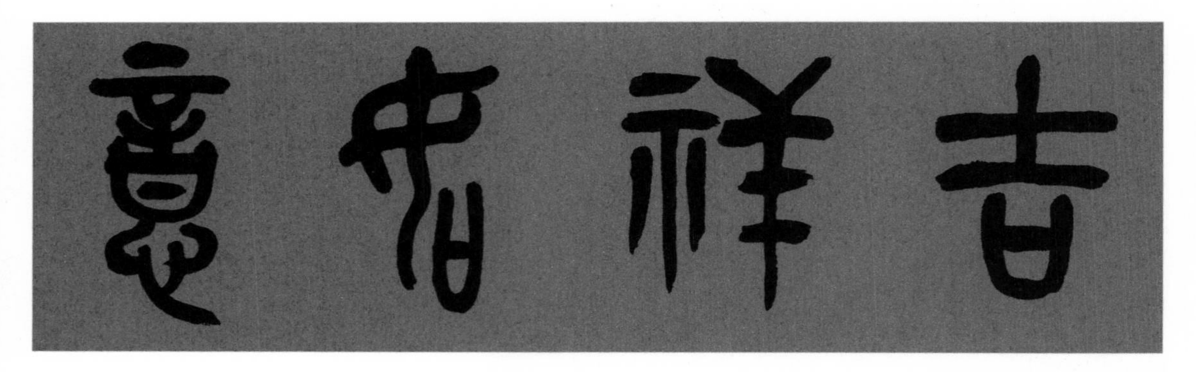

横披| 吉祥如意

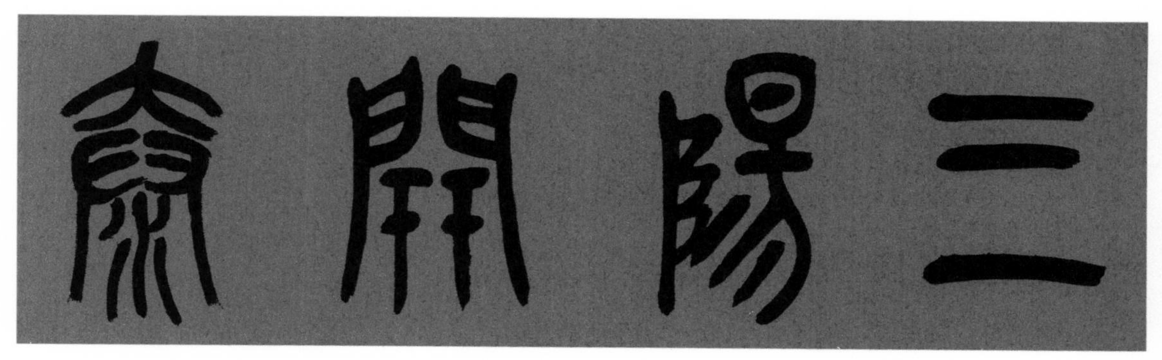

横披| 三阳开泰

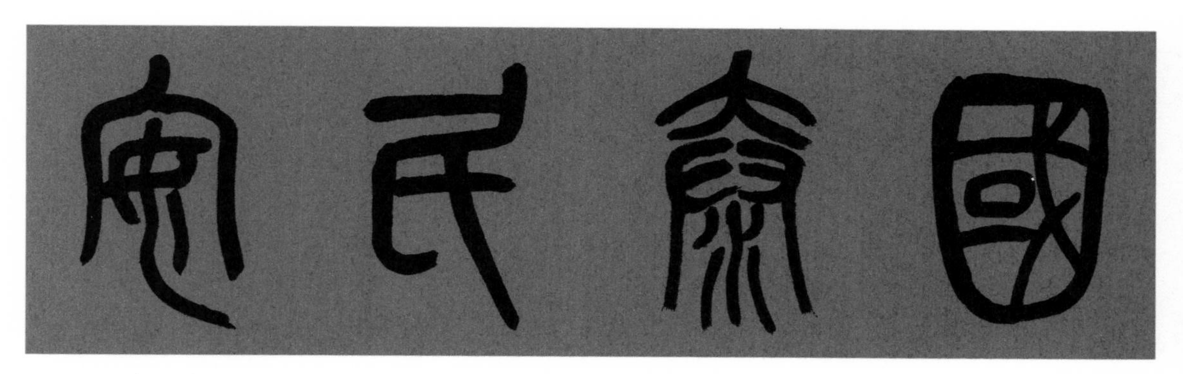

横披| 国泰民安

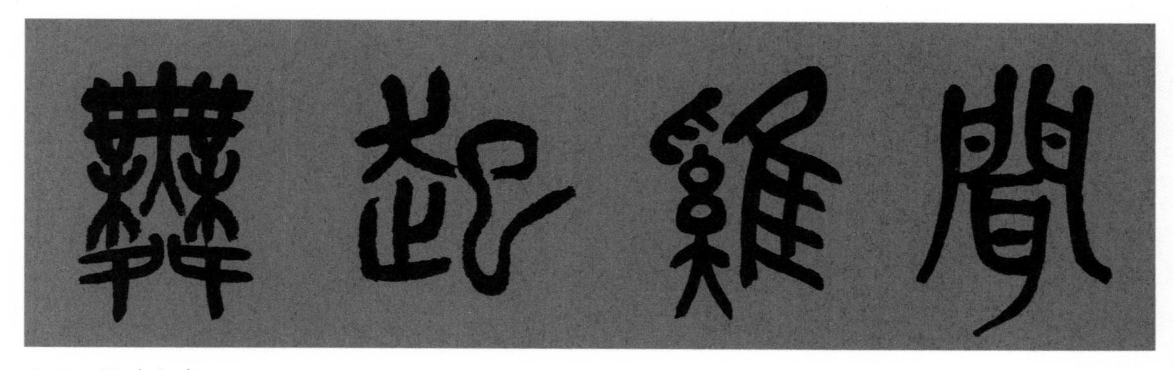

横披| 闻鸡起舞

小贴士

我国的第一副春联

五代后蜀主孟昶的“新年纳余庆，嘉节号长春”是我国的第一副春联。上联的大意是：新年享受着先代的遗泽。下联的大意是：佳节预示着春意常在。

图书在版编目(CIP)数据
吴昌硕篆书集字春联 / 程峰编. -- 上海：上海书画出版社，2022.10
（春联挥毫必备）
ISBN 978-7-5479-2906-3
Ⅰ. ①吴… Ⅱ. ①程… Ⅲ. ①篆书—法帖—中国—近代
Ⅳ. ①J292.27
中国版本图书馆CIP数据核字(2022)第174857号

吴昌硕篆书集字春联
春联挥毫必备

程峰 编

责任编辑 张恒烟 冯彦芹
审　　读 陈家红
责任校对 朱　慧
技术编辑 包赛明

出版发行 上海世纪出版集团 上海书画出版社
地址 上海市闵行区号景路159弄A座4楼
邮政编码 201101
网址 www.shshuhua.com
E-mail shuhua@shshuhua.com
制版 上海久段文化发展有限公司
印刷 浙江海虹彩色印务有限公司
经销 各地新华书店
开本 690×787 1/8
印张 10
版次 2022年10月第1版 2024年1月第2次印刷
印数 4,001-6,800

书号 ISBN 978-7-5479-2906-3
定价 35.00元